EXPOSITION INTERNATIONALE D'ANVERS

1894

IL. HERSENT

J. & C. HERSENT

COLLABORATEUR

EXPOSITION INTERNATIONALE

D'AMSTERDAM

1895

H. HERSENT

ENTREPRENEUR DE TRAVAUX PUBLICS,
INGÉNIEUR CIVIL,
ANCIEN PRÉSIDENT DE LA SOCIÉTÉ DES INGÉNIEURS CIVILS DE FRANCE,
OFFICIER DE LA LÉGION D'HONNEUR, ETC.

EXPOSE :

1° Les ouvrages du port de Lisbonne, avec plans, vues photographiques et note explicative;

2° Un ouvrage imprimé, comprenant un résumé des travaux les plus intéressants auxquels M. Hersent a collaboré, avec la description des procédés de construction employés, les machines et les engins utilisés (1856-1889);

3° Une note sur les moyens d'exécution et l'outillage du port de Bordeaux (France);

4° Une note sur l'emploi de l'air comprimé à haute pression.

PARIS
IMPRIMERIE ET LIBRAIRIE CENTRALES DES CHEMINS DE FER
IMPRIMERIE CHAIX
SOCIÉTÉ ANONYME AU CAPITAL DE CINQ MILLIONS
Rue Bergère, 20
1895

TABLEAUX EXPOSÉS

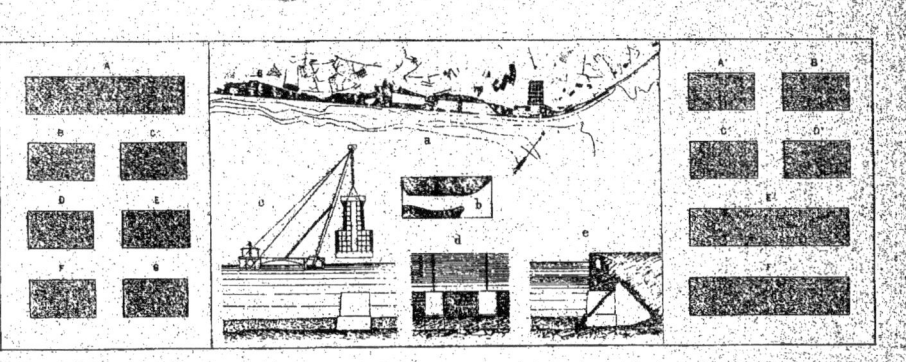

LÉGENDE

Tableau central.

Plan du port de Lisbonne (Portugal) et construction des quais sur piliers et linteaux.

Tableau latéral de droite.

A'B' Construction des quais du port de Dunkerque (France).
C'D' Construction de l'écluse du Carnet (canal de la Basse-Loire, France).
E'F' Construction du bassin de radoub de Saïgon (Cochinchine).

Tableau latéral de gauche.

ABC Construction de l'écluse de Saint-Aubin sur la Seine (France).
DE Port de Lisbonne : Chantier de construction des piliers et des linteaux.
FG Dérochements de la Charente maritime (France).

PORT DE LISBONNE

EXPOSÉ

La construction du port fut adjugée en 1886 à M. Hersent, pour le prix de 59.900.000 francs, exécutable en dix années.

Ces installations comprenaient :

Un ensemble de quais et rampes d'une longueur totale d'environ 11^{km}200, répartis conformément au tableau qui suit :

QUAIS ET DOCKS	LONGUEURS DES QUAIS ET RAMPES				SUPERFICIE D'EAU UTILISÉE	PROFONDEUR D'EAU SOUS ZÉRO
	ACCOSTABLES	NON ACCOSTABLES	TOTAL	RAMPES		
Quais extérieurs	3.524	1.370	4.894	»	Le Tage	8^m,50
Bassin à flot	1.175	135	1.310	»	14 hect. 3	9^m,15
Avant-port	885	260	1.145	300	9 — 4	8^m,50
Dock des Pêcheurs	712	653	1.369	300	15 — 9	6^m,00
— de l'Arsenal	»	450	450	120	3 — 2	8^m,50
— de la Douane	620	»	620	50	1 — 5	6^m,00
— Halle aux blés	570	»	570	100	1 — 5	4^m,00
TOTAUX	7.486	2.870	10.328	870	45 hect. 8	»

Un bassin à flot de 14 hectares 3 ;
Une écluse à trois portes doubles pour les navires de toute dimension ;

Deux bassins de radoub :

L'un de 160 mètres sur 25 mètres,
L'autre de 100 mètres sur 15 mètres,
avec les pompes et machines d'épuisement ;
Un plan incliné pour navires de 2.000 tonneaux de jauge ;
Une usine hydraulique fournissant la force pour tous les appareils de manutention ;
Trois accumulateurs ;
Deux ponts tournants de 12 mètres de portée ;
Un pont roulant de 12 mètres de portée ;
Une mâture de 120 tonnes ;
Deux grues de 10 tonnes ;
Trente grues de 750 à 1.500 kilogrammes ;
Dix-neuf appareils de halage ;
Deux embarcadères flottants : l'un de 100 mètres sur 15, l'autre de 67 mètres sur 10 ;
Huit hangars de 100 mètres sur 21 mètres, soit 16.800 mètres carrés de surface couverte ;
Les voies ferrées et clôtures ;
Les égouts de toutes dimensions conduisant toutes les eaux de la ville au Tage ;
Le cube total des remblais à exécuter était de 5.500.000 mètres ;
Le cube total des enrochements à exécuter était de 2.500.000 mètres.

Les plans du tableau central exposé représentent :

a — Plan général des dispositions du port,
b — Ensemble du port,
c — Pilier en construction,
d — Vue de face et coupe en long des murs de quai,
e — Coupe transversale du mur de quai.

En 1892, l'Entreprise avait déjà exécuté pour 14.648.000 francs de travaux, qui comportaient :

3.249 mètres courants de murs de quais accostables ;
2.105 mètres carrés de rampes ;
La chambre des machines des bassins de radoub fondée à l'air comprimé ;
La tête de l'écluse, fondée à l'air comprimé ;
Un embarcadère flottant ;

1.651 mètres courants d'égouts;
664.803 mètres cubes de dragages;
1.659.377 mètres cubes d'enrochements;

quand la situation financière du pays obligea le Gouvernement à réduire le plan primitif, en le transformant conformément au plan ci-dessous et à réduire la dépense à 30.200.000 francs.

Par suite de la transformation de son contrat primitif, l'Entreprise des travaux du port est alors devenue concessionnaire, pour une durée de dix ans, de l'exploitation du port de Lisbonne, comme dédommagement partiel du nouveau mode de paiement.

Sur ces nouvelles bases, les travaux restant à faire sont une partie seulement du projet primitif et ne montent plus qu'à 15.555.555 francs.

Ils comprennent les parties suivantes :

5.760 mètres courants de quais accostables;
2.700 mètres courants de perrés à 45 degrés;
775 mètres courants de rampes d'échouage;
Le bassin d'Alcantara, devant devenir plus tard un bassin à flot (dont la construction des quais et de l'écluse a été provisoirement ajournée);
Les bassins de marée, l'avant-port à (— 8m,00) et trois darses, de (— 6m,00) à (— 8m,00), seront terminés dans leurs grandes lignes, moins la jetée d'emprise sur le Tage;

Un bassin de radoub de 180 mètres sur 25 mètres ;
Un bassin de radoub de 100 mètres sur 15 mètres ;
Les pompes et machines d'épuisement ;
Un plan incliné pour navires de 2.000 tonneaux de jauge ;
Une usine hydraulique fournissant la force pour tous les appareils de manutention, qui sera installée à côté des machines d'épuisement des bassins de radoub ;
Trois accumulateurs ;
Une grue de 10.000 kilogrammes, deux de 5.000, quatre de 1.250 à 2.500 et dix de 750 à 1.500 ;
Huit appareils de halage ;
Un pont provisoire, pour traverser la tête d'écluse ;
Un embarcadère flottant de 100 mètres de longueur ;
Huit hangars de 75 mètres sur 21 ;
15.000 mètres courants de voie ferrée ;
657 mètres courants d'égouts ;
Clôtures et divers ;
Le cube total des dragages à exécuter est de 912.000 mètres.
Le cube total des remblais à faire est de 2.274.000 mètres.

EXÉCUTION DES TRAVAUX

Murs de quais.

Le mur de quai est composé de piliers réunis par des linteaux qui élèvent la construction au-dessus du niveau de la basse mer. (Ce procédé a été appliqué, pour la première fois, par M. Hersent, à Lisbonne).

Les piliers ont :

$4^m,50 \times 7^m,50$ à la base,
$4^m,10 \times 5^m,70$ au sommet.

Ils sont espacés de 14 mètres d'axe en axe, et reposent sur le sol à des profondeurs variant de $8^m,50$ à 14 mètres, sous le zéro marégraphique.

La partie inférieure des linteaux qui réunissent les piliers est à 2 mètres au-dessous de zéro.

Les espaces vides qui restent entre les piliers et les linteaux sont remplis avec des enrochements, mis en place au moyen de bateaux à clapets, jusqu'à la cote $(+ 2^m,00)$, c'est-à-dire un peu plus haut que la basse mer ordinaire.

Les fondations des quais sont effectuées avec les mêmes procédés sur le terrain solide et sur le terrain vaseux, après la constitution d'un sol artificiel en sable et enrochements, dans cette dernière disposition. Une fouille préalable est faite à des profondeurs variables, selon la nature et l'épaisseur de la couche de vase, depuis 14 mètres jusqu'à 20 mètres ; on la remplit avec des couches alternatives de sable et d'enrochements, jusqu'à la cote $(—12^m,00)$; on obtient ainsi un sol artificiel ayant une très large base et offrant une assez grosse masse sur laquelle on fonde des piliers, comme sur le terrain solide.

Les échafaudages flottants qui supportent les batardeaux mobiles qu'on monte sur les caissons pendant le fonçage, sont composés de deux bateaux réunis ensemble et qu'on peut rendre libres d'un bout, de manière à sortir l'échafaudage en arrière pendant les gros temps, en laissant la pile à sa place. Ils portent une locomobile de vingt chevaux, commandant un broyeur ; un compresseur d'air ; deux monte-charges, dont l'un est employé pour les matériaux et l'autre pour les déblais ; une pompe à vapeur, de 100 millimètres, à action directe, est employée à vider les compartiments de déboulonnage et aussi aux petits épuisements qui peuvent être utiles.

L'éclairage électrique est assuré au moyen d'une petite machine Parson de 1,000 à 1,200 watts.

Une mâture flottante de 50 tonnes sert au levage des batardeaux, pour leur mise en place et pour leur enlèvement, après l'achèvement des piles.

La supériorité de ce système de construction sur tous ceux employés jusqu'à ce jour se trouve justifiée par le prix du mètre courant de quai, fondé de 10 à 20 mètres sous zéro, qui n'est que de 4,000 francs, en moyenne.

Chambres des machines d'épuisement.

La construction de la chambre des machines d'épuisement et du puisard, réunissant les eaux des deux bassins de radoub, a été exécutée dans un caisson de 18 mètres sur 18 mètres, fondé au moyen de l'air comprimé.

Le caisson a servi au fonçage de l'ouvrage et à la construction du radier et des communications avec chacun des deux bassins, pour le grand épuisement et l'assèchement. Le plafond a été démonté, après l'exécution des ouvrages inférieurs, pour permettre de construire les puisards selon leurs dimensions respectives, et terminer les communications d'aqueducs d'amenée d'eau, dont les orifices se trouvaient partie au-dessous, partie au-dessus du plafond.

Ce travail délicat, tout nouveau dans son genre, a été exécuté sans trop de difficultés et au milieu de l'eau; le caisson est prêt à recevoir les machines et les chaudières. Le déplacement de l'emplacement des bassins de radoub à la roche du Conde d'Obidos le rend momentanément inutile.

Écluse.

L'écluse du bassin à flot de 14 hectares a été commencée par la construction de la tête d'aval, qui devait servir de fermeture à l'emprise, pour permettre de construire tout le bassin à sec, en se servant des machines du bassin de radoub pour les épuisements.

A cet effet, on eut l'idée de construire la tête de l'écluse dans un grand caisson de 39 mètres sur $9^m,50$ fondé au moyen de l'air comprimé.

Dans ce caisson, à batardeaux mobiles, furent élevés le radier et les bajoyers de la tête de l'écluse, au moyen d'un lestage approprié.

Après l'achèvement de la maçonnerie et le remplissage de la chambre de travail, les batardeaux ont été enlevés, de sorte que, lorsqu'on voudra plus tard construire le corps de l'écluse, creuser le bassin à flot dont le fond est rocheux et faire les quais, il suffira de placer le bateau-porte du grand bassin de radoub dans les rainures de la tête de l'écluse et de procéder à l'épuisement du bassin à flot, pour le construire à sec. De cette façon, on aura pu exécuter les batardeaux et les épuisements en se servant des installations définitives, sans travaux d'installation, toujours coûteux et lents à exécuter.

Le lestage du caisson, la construction des maçonneries, le fonçage dans le rocher, le remplissage de la chambre de travail et l'enlèvement des batardeaux mobiles se sont exécutés normalement. La manœuvre des grands batardeaux a été faite avec la mâture de 50 tonnes.

Remblais

Les remblais des terre-pleins sont exécutés à l'aide d'un débarquement flottant et deux débarquements roulants, qui élèvent les produits fournis par trois dragues et quatre suceuses.

Résumé

L'ensemble de ces travaux a nécessité la mise en mouvement d'une grande quantité de machines et d'engins divers : Dragues de divers systèmes, débarquements flottants et roulants, remorqueurs, mâtures, grues, etc, etc, qui forment un ensemble de 2.500 chevaux pour environ 1.200 travailleurs, soit environ 2 chevaux par homme.

A Vienne et à Anvers, les proportions étaient respectivement de 1 cheval 1/2 et 1 cheval 3/4 par homme.

TRAVAUX PUBLICS
(1856-1889)

L'ouvrage intitulé « Travaux Publics, 1856-1889 » contient, en résumé, les principales entreprises réalisées par H. Hersent, soit en collaboration avec MM. Castor, Couvreux père et Langlois, soit seul ou avec ses fils Jean et Georges, depuis une dizaine d'années.

On y trouve l'historique des travaux de fondations faites au moyen de l'air comprimé et des travaux de dragage qui sont exposés sur les tableaux latéraux.

PORT DE BORDEAUX

La note sur les moyens d'exécution employés aux travaux du port de Bordeaux contient la description de ces ouvrages et de l'outillage mis en œuvre. Les travaux sont actuellement terminés.

Après l'achèvement des quais de Bordeaux, M. Hersent a cru devoir faire des essais d'air comprimé jusqu'au delà de 5 kilogrammes de pression d'air. Les résultats sont contenus dans une note spéciale exposée.

Cette recherche apporte une grande lumière dans une question déjà controversée, sur la possibilité de comprimer des hommes jusqu'à $5^{k}, 4$, sans danger pour leur santé. Les expériences permettent de croire qu'on peut explorer le fond de la mer et y travailler, jusqu'à 50 mètres sous l'eau.

ENSEMBLE DES OUVRAGES

EXÉCUTÉS PAR H. HERSENT

Depuis 1842 jusqu'à ce jour.

De 1842 à 1856, M. Hersent fut attaché aux entreprises de M. Jeanne, d'Évreux, qui construisait alors des routes, des chemins vicinaux, etc.

En 1848, il avait vingt ans et était attaché à la construction de l'écluse de Notre-Dame de la Garenne, sur la Seine, près Gaillon, — c'était à cette époque une grande entreprise. — M. Emmery, inspecteur général des Ponts et Chaussées, en était l'ingénieur, M. Cavalier, l'ingénieur en chef, et M. Michal, l'inspecteur général, directeur.

En 1850, M. Jeanne acheta un matériel de dragage dont M. Hersent eut la direction, pour le remettre en état et le faire fonctionner ; alors sa capacité de dragueur fut reconnue et c'était rare.

En 1853, M. Jeanne entreprit, de MM. Brassey et Cie, un lot du chemin de fer de Paris à Caen, entre la vallée d'Eure et Évreux. M. Hersent fut chargé de l'exécution du tunnel de Mortainville, et d'une partie de ligne.

En 1856, il quitta librement M. Jeanne, après quatorze ans, et entra chez MM. Castor et Jacquelot qui faisaient de plus grandes entreprises, et notamment des dragages. On employait des machines.

De 1856 à 1860, il dirigea sur place, avec une part d'intérêt :

Remblais et dragages. — Les remblais de la ligne de Mulhouse, en face Conflandey, exécutés au moyen de dragages dans la Saône et de débarquement par machines élévatoires, dont l'importance fut d'environ . . . . Fr. 800,000 »

Remblais par dragages. — Les remblais, avec les mêmes moyens, du chemin de fer de Genève à Lyon, entre le pont de Saint-Clair et les Brotteaux . . . . 600,000 »

A reporter . . . . Fr. 1,400,000 »

Report. . . . . . Fr.	1.400.000 »

Ballastage et pose de voie. — Le ballastage et la pose des voies des lignes de Creil à Chantilly et de Paris à Soissons. La démolition des piles du Pont-au-Change, etc. . . . . 3.000.000 »

Fondation du pont de Kehl, au moyen de l'air comprimé (1859-1860). — Les fondations du pont de Kehl, sur le Rhin, excitèrent alors, par la nouveauté des moyens employés, un grand intérêt chez ceux qui s'occupent de construction . . . . 1.500.000 »

En 1860, il fut associé à toutes les entreprises de M. Castor :

Dragage du port de Brest. — Les dragages pour la fondation de la digue du large et des quais du Port-Napoléon, à Brest . . . . 800.000 »

Dragage du port de Boulogne. — Le creusement du bassin à flot et le dérochement de l'avant-port de Boulogne-sur-Mer, pour l'exécution duquel on construisit une drague spéciale qui est encore aujourd'hui un bon outil . . . . 800.000 »

Pont d'Argenteuil (1862). — Fondations au moyen de l'air comprimé des piles tubulaires du pont d'Argenteuil, culées, terrassements, etc., dont l'importance fut d'environ. . . . . 2.700.000 »

Jusqu'alors, le fonçage des tubes de fondation avait coûté beaucoup de travail pour le lestage des colonnes pendant le fonçage.

On supprima cette difficulté, en lestant les colonnes, dès la partie inférieure, au moyen de la plus grande partie du béton de remplissage posé à mesure de l'enfoncement et il en résulta une plus grande facilité pour tenir les colonnes droites, puisque le centre de gravité était aussi bas que possible.

Ponts d'Orival et d'Elbeuf. — Fondations tubulaires au moyen de l'air comprimé comme celles du pont d'Argenteuil. Importance 2.000.000

Viaduc de Poix. — Construction du viaduc de Poix et autres travaux sur 12 kilomètres de longueur. Importance. . . . 2.800.000 »

Le viaduc de Poix mesure 33 mètres de hauteur et est formé de 12 travées de 16 mètres chacune, en maçonnerie.

A reporter. . . . . . Fr.	15.000.000 »

Report . . . . . . Fr.	15.000.000

Ponts d'Arles et de Saint-Gilles (1862). — Fondation au moyen de caissons en tôle et d'air comprimé des piles des ponts d'Arles et de Saint-Gilles, sur le Rhône, sur la ligne d'Arles à Lunel. Importance environ 750.000

Les caissons de fondation des piles des ponts d'Arles et de Saint-Gilles furent un grand progrès sur ce qui s'était fait jusqu'alors. On y utilisa l'écluse à double sas, pour l'éclusage continu des déblais.

Pont de Rovigo sur l'Adige. — Fondation au moyen de caissons métalliques et d'air comprimé, comme à Arles. Importance environ 450.000

Pont route d'Arles (1867). — Fondation de deux piles, à une profondeur d'eau de 17 mètres qui ne permettait pas l'établissement d'échafaudages fixes. Ce fut la première fois qu'on fit un échafaudage flottant pour monter les caissons et mettre les piles en place; environ 300.000

Chemin de fer de ceinture à Paris. — Ballastage et pose des voies du chemin de fer de ceinture de Paris sur la rive gauche, à partir d'Auteuil, de l'embranchement de Grenelle au Champ de Mars et dans l'exposition de 1867 . . . . 600.000

Dragage dans le port de Fécamp. — Dragage du banc dans le chenal du port de Fécamp 80.000

Batardeau du port de Brest. — Construction, au moyen d'un caisson métallique et d'air comprimé, d'un batardeau, au port de Brest, pour permettre la construction de l'agrandissement de la cale, dite de Brest 300.000

Ce travail remarquable consistait à trancher le rocher sous les deux bouts du caisson, jusqu'à ce que toute sa surface reposât sur le sol rocheux, pour obtenir avec ce dernier une bonne soudure du fond et des deux extrémités; il fut mené à bonne fin, ainsi que la démolition de la partie supérieure de la maçonnerie.

À reporter . . . . . Fr.	17.480.000

Report . . . . . . Fr. 17.480.000 »

Quai du Port de Bône (Algérie 1866-1868). — Construction du mur de quai au moyen de petits caissons métalliques foncés à l'air comprimé, réunis entre eux par des voûtes longitudinales. Dragage de la Darse. Ensemble. . . . . 2.300.000 »

Quai du Viaduc, à Brest. — Construction du mur de quai du viaduc dans l'arsenal de Brest, fondé en partie sur des piliers exécutés par épuisement, en partie sur des piliers exécutés au moyen de caissons métalliques et d'air comprimé ; environ . . 500.000 »

Pont de Molay. — Fondation des piles du Pont de Molay, sur le Doubs, au moyen de petits caissons cylindriques en tôle, remplis de maçonnerie. Les piles sont formées, pour la partie supérieure, de piliers en maçonnerie réunis par des voûtes ; chaque pile est composée de trois piliers correspondant aux poutres de rive et centrale . . . . 140.000 »

Ponts de Duvivier et de Bougie (Algérie). — Fondation de piles de pont au moyen de caissons métalliques et d'air comprimé pour les ponts de Duvivier sur la Seybouze et de Bougie sur la Soummam, en Algérie. . . . . 260.000 »

Dragage à Boulogne. — Exécution du dragage pour le chenal de l'Écluse dans le port de Boulogne et dernier creusement du bassin à flot. . . . . 660.000 »

Ponts de Ranville et de la Joliette (1869). — Fondation, au moyen de caissons circulaires métalliques et d'air comprimé, des piles des ponts tournants de Ranville, sur l'Orne, et de la Joliette, au port de Marseille. . . . . 200.000 »

Pont de Stadlau (Autriche), près Vienne (1869-1870). — Fondation, au moyen de caissons métalliques et d'air comprimé, des piles et culées du pont de Stadlau, sur le Danube. Les piles en rivière furent mises en place au moyen d'un échafaudage flottant. Ce fut le premier grand pont fixe construit près de Vienne. . . 2.000.000 »

Pont d'Algyö (Hongrie). — Fondation de deux culées pour un pont de 100 mètres d'ouverture sur la Theiss à Algyö près Szegedin, lesquelles sont descendues de 21 à 22 mètres sous l'étiage. . . . . 440.000 »

A reporter . . . . . . Fr. 23.980.000 »

Report. . . . . . Fr.	23.980.000 »

Pont de Linz (Autriche). — Fondation du pont de Linz, sur le Danube, exécutée avec les mêmes moyens que le pont de Stadlau. . . . . 1.530.000 »

Pont Franz-Josef (Autriche). — Fondation des piles et culées, au moyen de caissons et d'air comprimé, et ouvrages accessoires (Castor, Hersent et Zschokke) . . . . 2.200.000 »

Régularisation du Danube à Vienne (Autriche 1869-1874). — Travaux entrepris par MM. Castor, Couvreux et Hersent, dirigés sur place par MM. Couvreux et Hersent et dont l'importance s'est élevée à plus de 20 millions de florins, soit environ . 42.000.000 »

Le regretté M. Castor est décédé en 1874, avant l'achèvement de cette entreprise.

Ponts sur la Dordogne, etc. — Fondation de deux ponts sur la Dordogne, à Sainte-Foy et à Prigonrieux, et d'un pont sur la Durance, au Saulce (Castor, Hersent et Zschokke); importance . 500.000 »

Fondation de Ponts divers. — Sur la Durance, à Saint-Auban, au Hocmard, près Nantes, sur la Tet, à Millas et à Ille . . 600.000 »

Quai de l'Artillerie. — Reconstruction du quai de l'artillerie au port de Brest, au moyen de piliers fondés à l'air comprimé . . 800.000 »

Fondation de Ponts divers. — Sur l'Aar; à Olten sur le Buech; sur le Rhône au Crédo; sur le Doux et l'Erieux; sur la Garonne à Toulouse (Hersent et Zschokke) . . . . 1.000.000 »

Canal de Gand à Terneuzen (Belgique). — Travaux d'approfondissement et d'élargissement du canal de Gand à Terneuzen, en Belgique (Couvreux et Hersent). . . . . 5.500.000 »

Écluse de Termonde (Belgique). — Travaux d'exécution difficile, à l'abri de batardeaux (Couvreux et Hersent). . . . . 250.000 »

Port de Philippeville (Algérie) (1866-1895). — Travaux en cours d'exécution depuis 1866, en participation avec MM. Castor et Lesueur. M. Lesueur a eu la direction des travaux sur place depuis l'origine de l'entreprise et l'a conservée.

Depuis la mort de M. Castor, l'entreprise a été continuée par MM. Hersent et Lesueur . . . . 16.000.000 »

A reporter. . . . . Fr. 94.360.000 »

Report . . . . . Fr.	94.360.000 »
Deux Bassins de radoub, à Toulon. — Travaux au moyen d'immenses caissons métalliques de 5.800 mètres carrés de surface chacun. Ce procédé fut employé là pour la première fois (Hersent et Langlois)	8.000.000 »
Écluse de chasse du port de Honfleur. — Construction d'un arrière-radier fondé au moyen d'un caisson métallique et d'air comprimé, de 42 mètres de long sur 5 de large et 17 mètres de hauteur (Hersent)	800.000 »
Nouvelles installations maritimes d'Anvers. — Construction de 3.500 mètres de quais à fonder au moyen de l'air comprimé; des bassins de batelage avec 1.500 mètres de quais, une écluse, des ponts, etc. (Couvreux et Hersent)	45.000.000 »
Dérochement au port de Brest. — Enlèvement de la roche « La Rose » à l'aide d'une grande cloche à plongeurs pour vingt-cinq ouvriers, employée là pour la première fois (Hersent)	1.200.000 »
Pont de Cadillac. — Sur la Garonne. Fondations à l'air comprimé pour trois piles (Hersent)	100.000 »
Viaduc du Val-Saint-Léger, à Saint-Germain-en-Laye. — Fondations avec ou sans air comprimé, jusqu'à 25 mètres de profondeur (Hersent)	400.000 »
Arsenal de Brest. — Recoupement sous l'eau du radier du bassin n° 5 (Hersent)	120.000 »
Canal de Panama. — Participation à l'organisation des travaux du canal. Direction des études, du tracé et des sondages. Construction et expédition du matériel de chemin de fer. Dragues, bateaux à vapeur, ateliers. Constructions diverses dans l'Isthme. Marchés de fournitures et de travaux (Couvreux et Hersent). L'importance des commandes, marchés et travaux exécutés a dépassé pendant deux années	50.000.000 »
Port de Trouville. — Dragages avec transport des produits, au moyen de tuyaux fermés et d'eau	76.000 »
Saint-Aubin, près Elbeuf. — Construction des écluses sur la Seine au moyen de caissons métalliques et d'air comprimé (Hersent et Langlois)	2.600.000 »
A reporter . . . . . Fr.	202.656.000 »

Report Fr.	202.686.000
Port de Cherbourg. — Dérochement et creusement de l'entrée du port. Dragages à la drague et à la cloche à plongeur. (Hersent)	2.000.000
Pont de Saint-Florent (Corse). — Fondation d'un pont à l'air comprimé (Hersent)	36.000
Quais d'Elbeuf. — Fondés sur caissons à l'air comprimé (Hersent)	800.000
Charente. — Dragage et dérochement (Hersent et Langlois)	1.500.000
Canal de Marans. — Creusement à la drague avec longs couloirs (Hersent et Langlois)	1.200.000
Port de Lorient. — Quai et soubassement de grue, fondations à l'air comprimé (Hersent)	500.000
Démolition de batardeaux et recoupement de vieux ouvrages et roches sous-marines à la cloche (Hersent)	125.000
Port de Cherbourg. — Réfection et creusement du bassin de radoub n° 5 (Hersent)	1.650.000
Saïgon (Cochinchine). — Construction d'un bassin de radoub avec les mêmes procédés que ceux employés à Toulon (Hersent)	7.000.000
Arsenal de Brest. — Fondations de ponts roulants (Hersent)	450.000
Saint-Pierre-Oursin (Calvados). — Creusement d'un canal de dessèchement au moyen d'une drague spéciale déversant ses produits à terre	15.000
Port de Dunkerque. — Construction de murs de quai à l'air comprimé (Hersent)	2.000.000
Démolition à l'air comprimé d'un mur d'écluse	200.000
Couverture du Caneiro d'Alcantara (Lisbonne). — Exécution d'un égout collecteur de 10 mètres de portée avec tête fondée à l'air comprimé (Hersent)	1.000.000
Canal latéral à la Loire. — Dérochement au moyen de la cloche à plongeur (Hersent)	200.000
Pont du Manoir. — Exécution des fondations à l'air comprimé de deux culées et deux piles (Hersent)	400.000
Port de Bordeaux. — Construction de 1500 mètres de murs de quai avec cales, au moyen de l'air comprimé (Hersent)	5.500.000
TOTAL Fr.	227.232.000

Travaux en cours d'exécution.

Port de Lisbonne. — Projet primitif 60.000.000 de francs,
réduit à . . . . Fr. 30.200.000 »
Chemin de fer de Lisbonne à Cascaes . . . . 12.000.000 »
Reconstruction du quai du Lazaret, à Marseille . . . 65.000 »
Troisième bassin de radoub de Missiessy, à Toulon . 4.400.000 »
Port de Philippeville . . . . 2.500.000 »
Société anonyme du Port de Bizerte (Hersent, président
du Conseil d'administration) . . . . 12.000.000 »
TOTAL . . . . Fr. 61.165.000 »

Travaux exécutés de 1842 à 1895.

Travaux achevés . . . . Fr. 227.232.000 »
Travaux en cours d'exécution . . . . 61.165.000 »
MONTANT TOTAL DES TRAVAUX auxquels M. Hersent a participé
ou qu'il a exécutés lui-même . . . . Fr. 288.397.000 »

LISTE

DES

DIFFÉRENTS SYSTÈMES DE CONSTRUCTION

et Appareils brevetés

EMPLOYÉS PAR HERSENT

M. Hersent a pris des brevets en différentes circonstances pour s'assurer la priorité des engins, améliorations ou conceptions qui lui ont paru nouveaux. Il ne s'en est jamais servi pour empêcher les administrations publiques, ni les particuliers de se servir des mêmes procédés.

1870. — Débarquement pour dragage dans les bateaux porteurs; d'abord fixe, puis flottant, enfin roulant.

Grandement utilisé à la régularisation du Danube; a été imité par les entrepreneurs français et belges; a grandement servi au canal allemand du Nord, qui vient d'être terminé.

1872. — Amélioration des dragues par le rouleau supportant les godets.

A notablement amélioré les dragues en diminuant considérablement le poids de la chaînette pendante et a permis d'augmenter la grandeur des godets. Ce sont surtout les constructeurs français, anglais, hollandais et allemands qui s'en sont servis.

1876. — Perfectionnement dans l'extension de l'emploi de l'air comprimé destiné à la fondation et l'exécution des grands ouvrages, comme bassins de radoub, écluses, etc., nécessitant l'emploi des batardeaux.

A été imité et mis en adjudication pour l'écluse de Honfleur et celle de Dieppe, ainsi que pour d'autres ouvrages à l'étranger.

1877. — Appareil de dérochement des roches sous-marines.

A servi au dérochement de la roche « la Rose » à Brest ; au creusement de la passe du port de Cherbourg, à l'extraction de rochers nuisibles à Lorient, à Philippeville, au canal de la Loire. Mais d'autres se sont servis d'engins analogues à Nantes, à Cherbourg, à Saint-Nazaire, à Toulon, etc.

Cette cloche a été employée pour maçonner sous l'eau en la relevant progressivement à mesure que la maçonnerie est élevée, mais sans économie appréciable sur le procédé qui comporte la perte du caisson métallique.

1882. — Constructions de tunnels dans les terrains inondés et éboulants avec l'emploi de l'air comprimé.

A été employé par M. Moril, au tunnel de Braye (canal de l'Oise à l'Aisne.)

1885. — Construction de quais en eau profonde (piliers et linteaux).

Employé à Lisbonne, mais avec des voûtes, et à la cale du « Médoc », à Bordeaux.

Le quai courant de Bordeaux est la reproduction des quais de l'arsenal de Brest construits d'après le type du port de Bône, exécuté en 1864-1868.

Le mur du quai avec linteaux, dont la partie inférieure est à deux mètres sous basse mer, présente sur le mur de quai avec voûtes, l'avantage d'être complètement uni et ne permet pas qu'aucun corps flottant s'introduise sous les voûtes. La construction peut être plus rapide.

RÉCOMPENSES

OBTENUES

Par H. HERSENT

1873. Médaille de progrès à l'Exposition de Vienne.
1875. Ordre de la Couronne de fer d'Autriche. *(Travaux de la régularisation du Danube.)*
1876. Ordre de Bolivar. *(Projet de port à la Guyara.)*
1878. Grand prix à l'Exposition de Paris.
1880. Légion d'honneur.
1884. Grand diplôme d'honneur à l'Exposition d'Anvers.
1885. Ordre de Léopold. *(Travaux du port d'Anvers.)*
1885. Commandeur de l'Ordre du Cambodge. *(Bassin de radoub de Saigon.)*
1888. Commandeur de l'Ordre impérial du Dragon de l'Annam.
1889. Grand prix à l'Exposition de Paris.
1889. Médaille d'or à l'Exposition de Lisbonne. *(Récompense maxima.)*
1893. Hors concours à l'Exposition de Chicago.
1894. Grand prix à l'Exposition d'Anvers.
1895. Officier de la Légion d'honneur.

IMPRIMERIE CHAIX, RUE BERGÈRE, 20, PARIS. — 10200-5-95. — (Encre Lorilleux)

www.ingramcontent.com/pod-product-compliance
Lightning Source LLC
Chambersburg PA
CBHW061017050426
42453CB00009B/1492